AF221325

Impressum
Verlag: BABADADA GmbH, Nedderfeld 112 , 22529 Hamburg
Geschäftsführer / Verlagsleitung: Harald Hof
Druck: Books on Demand GmbH, In de Tarpen 42, 22848 Norderstedt

Imprint
Publisher: BABADADA GmbH, Nedderfeld 112 , 22529 Hamburg, Germany
Managing Director / Publishing direction: Harald Hof
Print: Books on Demand GmbH, In de Tarpen 42, 22848 Norderstedt

colegio
la escuela

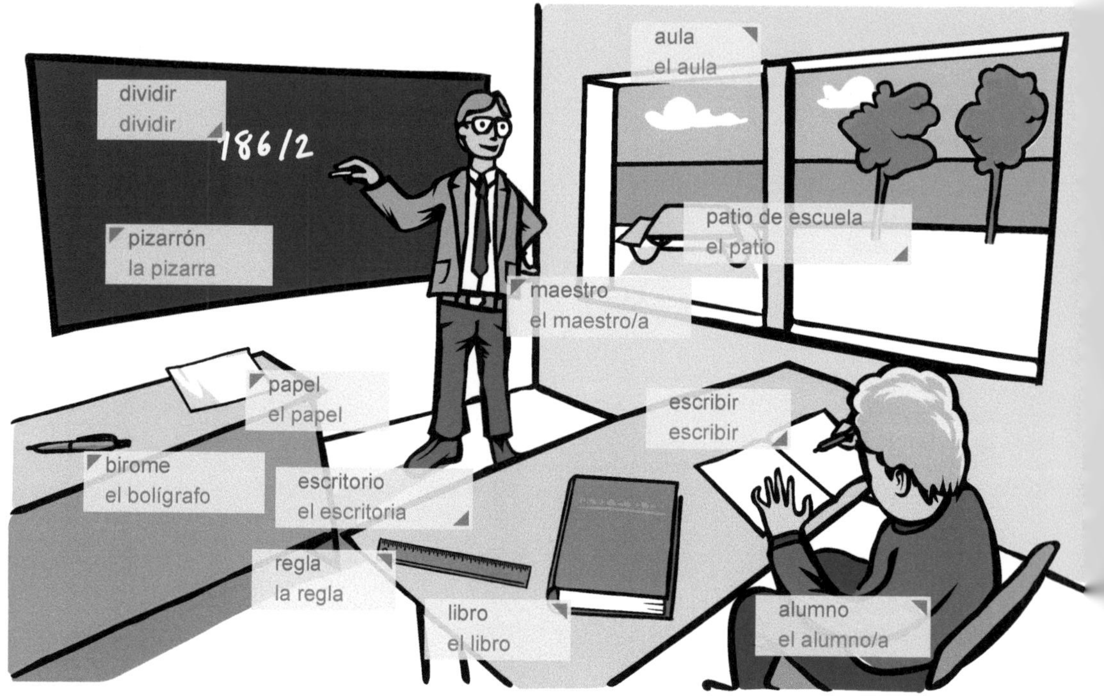
aula
el aula
dividir
dividir
186/2
patio de escuela
el patio
pizarrón
la pizarra
maestro
el maestro/a
papel
el papel
escribir
escribir
birome
el bolígrafo
escritorio
el escritoria
regla
la regla
libro
el libro
alumno
el alumno/a

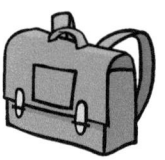

mochila

la cartera

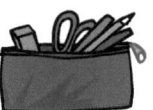

caja de lápices

la caja de lápices

lápiz

el lápiz

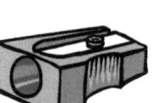

sacapuntas

el sacapuntas

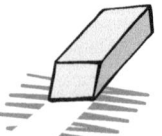

goma (de borrar)

la goma de borrar

bloc de dibujo

el cuaderno de dibujo

dibujo

el dibujo

pincel

el pincel

caja de pinturas

la caja de pinturas

tijera

las tijeras

pegamento

el pegamento

cuaderno de ejercicios

el cuaderno de ejercicios

tarea

los deberes

número

el número

sumar

sumar

restar

restar

multiplicar

multiplicar

calcular

calcular

letra

la letra

abecedario

el alfabeto

palabra

la palabra

texto

el texto

leer

leer

tiza

la tiza

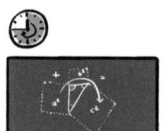

lección

la lección

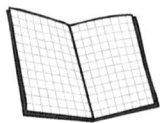

cuaderno de clase

el cuaderno de notas

examen

el examen

certificado

el certificado

uniforme escolar

el uniforme

educación

la educación

enciclopedia

la enciclopedia

universidad

la universidad

microscopio

el microscopio

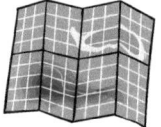

mapa

el mapa

tacho (de basura)

la papelera

viaje
el viaje

hotel
el hotel
Grand
hostel
el albergue
ROOMS
CHANGE
asa de cambio
oficina de cambio de divisas
valija
la maleta
auto
el coche

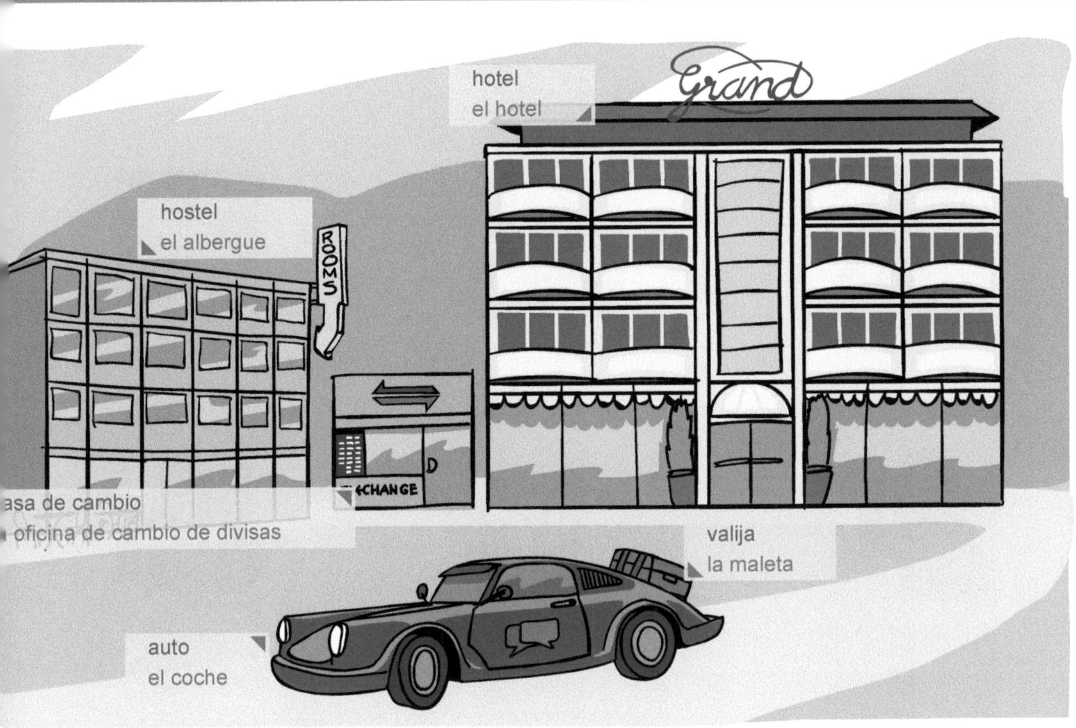

idioma
....
el idioma

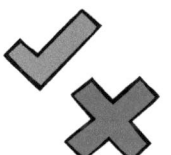

sí / no
....
sí / no

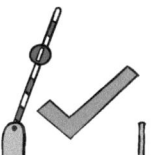

Está bien
....
Vale

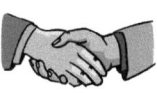

hola
....
hola

traductor
....
el traductor

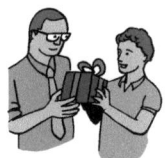

Gracias
....
Gracias

¿cuánto cuesta...?
....
¿cuánto es...?

No entiendo
....
No entiendo

problema
....
el problema

¡Buenas tardes!
....
¡Buenas tardes!

¡Buenos días!
....
¡Buenos días!

¡Buenas noches!
....
¡Buenas noches!

adiós
....
adiós

dirección
....
la dirección

equipaje
....
el equipaje

bolso
....
la bolsa

mochila
....
la mochila

invitado
....
el invitado

habitación
....
la habitación

bolsa de dormir
....
el saco de dormir

carpa
....
la tienda de campaña

información turística

la información turística

playa

la playa

tarjeta de crédito

la tarjeta de crédito

desayuno

el desayuno

almuerzo

el almuerzo

cena

la cena

pasaje

el billete

ascensor

el ascensor

sello

el sello

frontera

la frontera

aduana

la aduana

embajada

la embajada

visa

la visa

pasaporte

el pasaporte

transporte

el transporte

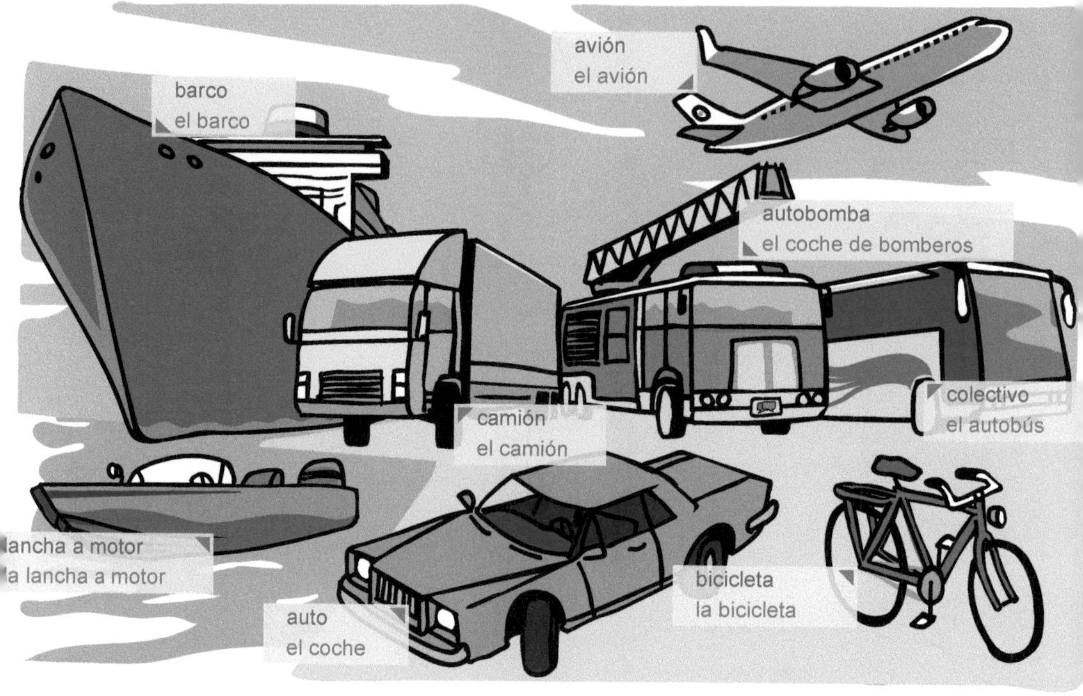
avión
el avión
barco
el barco
autobomba
el coche de bomberos
colectivo
el autobús
camión
el camión
lancha a motor
la lancha a motor
bicicleta
la bicicleta
auto
el coche

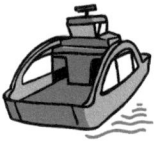

ferry

el transbordador

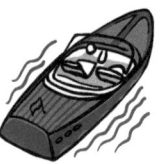

bote

la barca

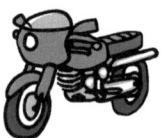

moto

la moto

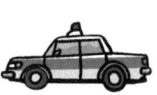

patrullero

el coche de policía

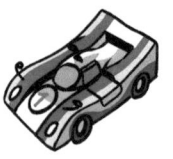

auto de carreras

el coche de carreras

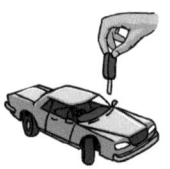

auto de alquiler

el coche de alquiler

alquiler de autos

el préstamo de vehículos

grúa

la grúa

camión de basura

el camión de la basura

motor

el motor

nafta

la gasolina

estación de servicio

la gasolinera

señal de tránsito

la señal de tráfico

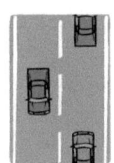

tránsito

el tráfico

embotellamiento

el atasco

estacionamiento

el aparcamiento

estación de tren

la estación de tren

vías

las vías

tren

el tren

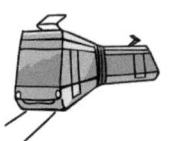

tranvía

el tranvía

vagón

el vagón

helicóptero

el helicóptero

aeropuerto

el aeropuerto

torre

la torre

pasajero

el pasajero

contenedor

el contenedor

caja de cartón

la caja de cartón

carretilla

la carretilla

canasta

la cesta

despegar / aterrizar

despegar / aterrizar

ciudad
la ciudad

pueblo

el pueblo

centro de ciudad

el centro de la ciudad

casa

la casa

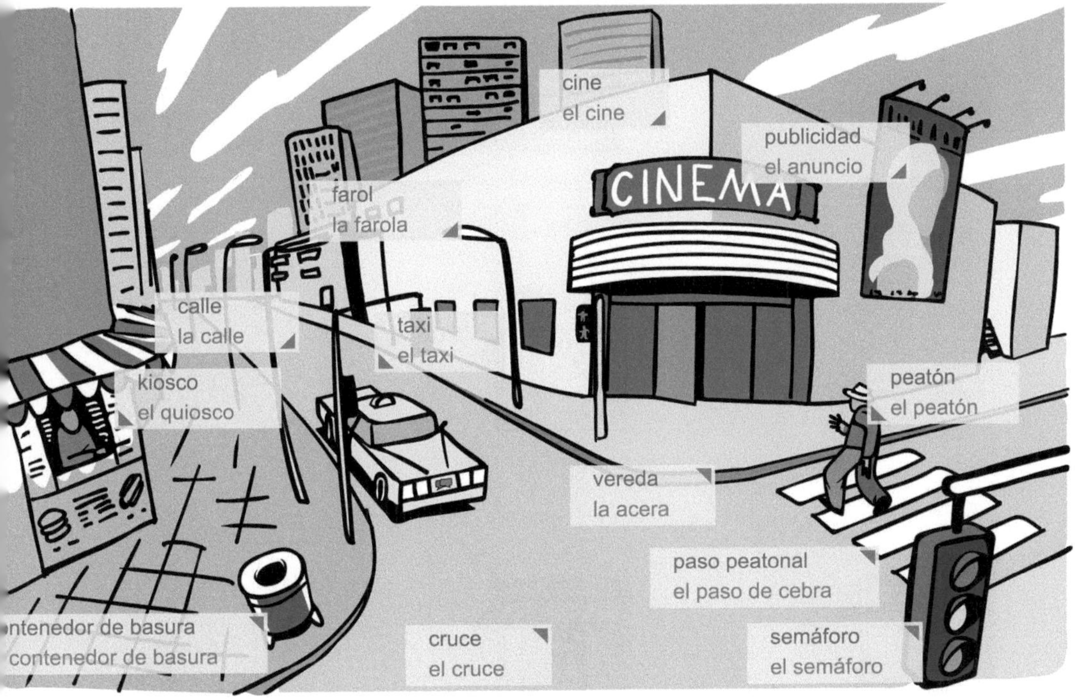

cine
el cine

publicidad
el anuncio

farol
la farola

calle
la calle

taxi
el taxi

kiosco
el quiosco

peatón
el peatón

vereda
la acera

paso peatonal
el paso de cebra

contenedor de basura
contenedor de basura

cruce
el cruce

semáforo
el semáforo

CINEMA

cabaña
la cabaña

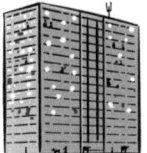

departamento
el apartamento

estación de tren
la estación de tren

municipalidad
el ayuntamiento

museo
el museo

colegio
la escuela

universidad

la universidad

banco

el banco

hospital

el hospital

hotel

el hotel

farmacia

la farmacia

oficina

la oficina

librería

la librería

negocio

la tienda de campaña

florería

la floristería

supermercado

el supermercado

mercado

el mercado

grandes tiendas

los grandes almacenes

pescadería

la pescadería

centro comercial

el centro comercial

puerto

el puerto

parque

el parque

banco

el banco

puente

el puente

escaleras

las escaleras

subte

el metro

túnel

el túnel

parada del colectivo

la parada de autobús

bar

el bar

restaurante

el restaurante

buzón

el buzón

letrero

el poste indicador

parquímetro

el parquímetro

zoológico

el zoo

pileta

la piscina

mezquita

la mezquita

granja
la granja

contaminación
la contaminación

cementerio
el cementerio

iglesia
la iglesia

juegos infantiles
el patio de juego

templo
el templo

paisaje
el paisaje

hoja
la hoja

poste indicador
la señal

camino
el camino

pradera
el prado

piedra
la piedra

árbol
el árbol

excursionista
el excursionista

río
el río

hierba
la hierba

flor
la flor

valle

el valle

montaña

la colina

lago

el lago

bosque

el bosque

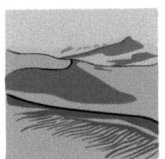

desierto

el desierto

volcán

el volcán

castillo

el castillo

arco iris

el arcoíris

champiñón

el champiñón

palmera

la palmera

mosquito

el mosquito

mosca

la mosca

hormiga

la hormiga

abeja

la abeja

araña

la araña

escarabajo

el escarabajo

rana

la rana

ardilla

la ardilla

erizo

el erizo

liebre

la liebre

lechuza

la lechuza

pájaro

el pájaro

cisne

el cisne

jabalí

el jabalí

ciervo

el ciervo

alce

el alce

presa

la presa

aerogenerador

la turbina eólica

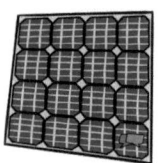

panel solar

el panel solar

clima

el clima

el restaurante

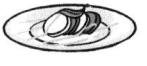

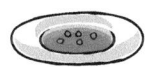

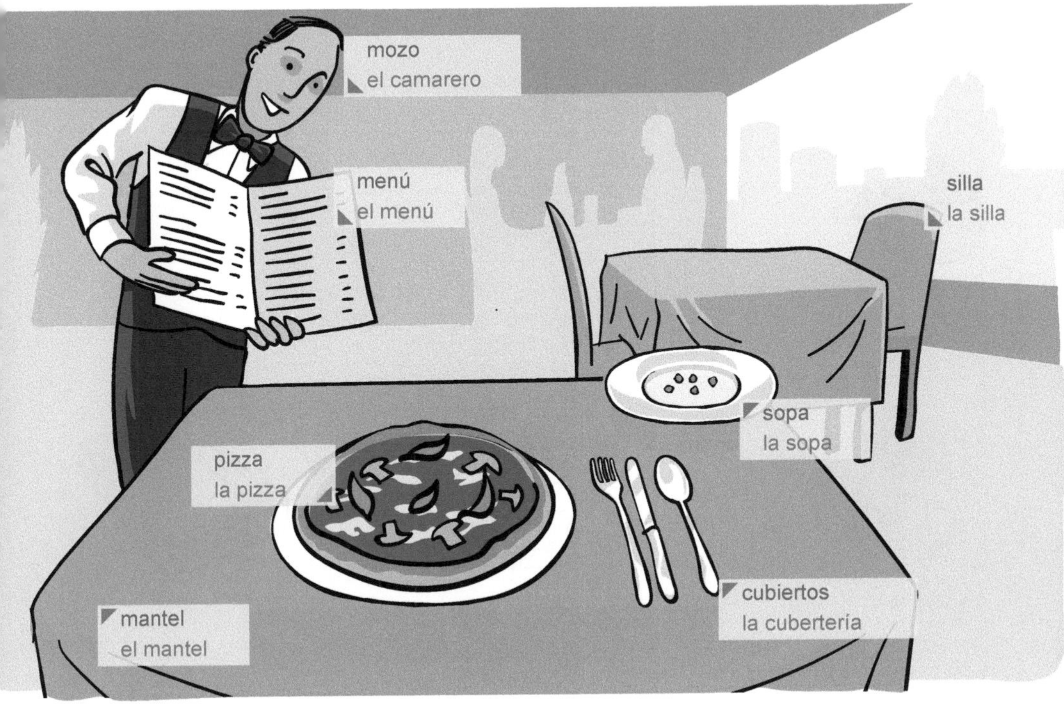
mozo
el camarero
menú
el menú
silla
la silla
sopa
la sopa
pizza
la pizza
cubiertos
la cubertería
mantel
el mantel

entrada

el primer plato

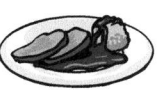

plato principal

el plato principal

postre

el postre

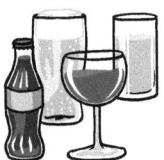

bebidas

las bebidas

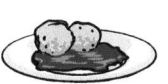

comida

la comida

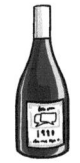

botella

la botella

comida rápida

la comida rápida

comida callejera

la comida callejera

tetera

la tetera

azucarera

el azucarero

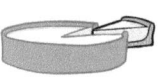

porción

la porción

cafetera expreso

la cafetera expreso

sillita alta

la trona

cuenta

la cuenta

bandeja

la bandeja

cuchillo

el cuchillo

tenedor

el tenedor

cuchara

la cuchara

cucharita

la cucharilla

servilleta

la servilleta

vaso

el vaso

plato
....
el plato

plato hondo
....
el plato hondo

plato
....
el platillo

salsa
....
la salsa

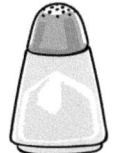

salero
....
el salero

molinillo de pimienta
....
el molinillo de pimienta

vinagre
....
el vinagre

aceite
....
el aceite

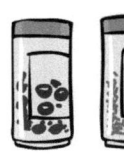

especias
....
las especias

kétchup
....
el ketchup

mostaza
....
la mostaza

mayonesa
....
la mayonesa

supermercado
el supermercado

oferta especial
la oferta especial
FOR
cliente
el cliente
lácteos
los lácteos
fruta
la fruta
changuito
el carro de compra

BUTCHERS

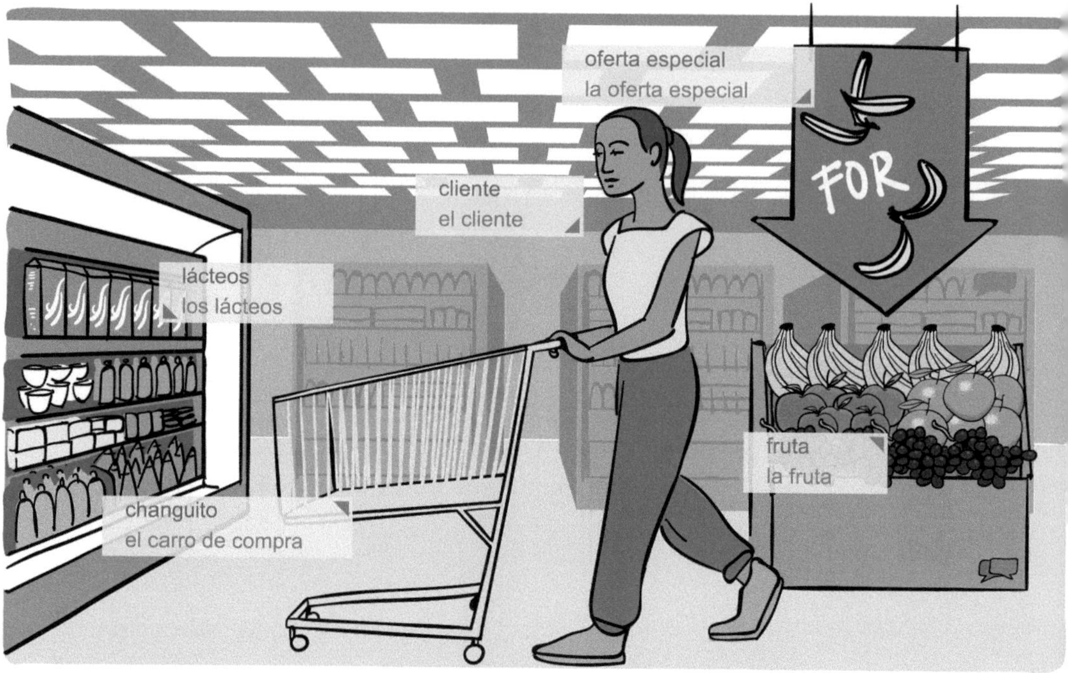

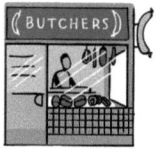

carnicería

la carniceria

BAKERY

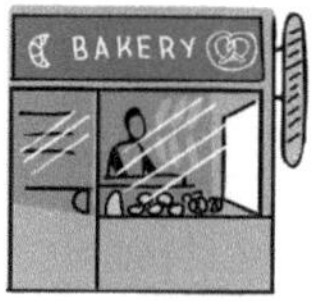

panadería

la panadería

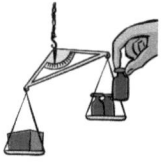

pesar

pesar

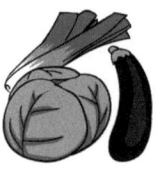

verduras

las verduras

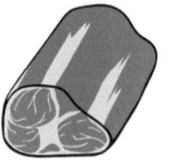

carne

la carne

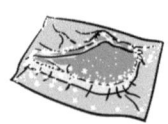

alimentos congelados

los alimentos congelados

fiambres

los fiambres

alimentos enlatados

las conservas

detergente en polvo

el detergente en polvo

golosinas

los dulces

electrodomésticos

productos de uso doméstico

productos de limpieza

productos de limpieza

vendedora

la vendedora

caja

la caja de cartón

cajero

el cajero

lista de compras

la lista de la compra

horario de atención

el horario de atención al
público

billetera

la cartera

tarjeta de crédito

la tarjeta de crédito

cartera

la bolsa de plástico

bolsa de plástico

la bolsa de plástico

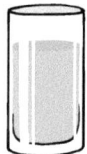

agua

el agua

jugo

el zumo

leche

la leche

bebida cola

la cola

vino

el vino

cerveza

la cerveza

alcohol

el alcohol

cacao

el cacao

té

el té

café

el café

café expreso

el expreso

cappuccino

el capuchino

banana

el plátano

manzana

la manzana

naranja

la naranja

melón

el melón

limón

el limón

zanahoria

la zanahoria

ajo

el ajo

bambú

el bambú

cebolla

la cebolla

champiñón

el champiñón

nueces

las avellanas

fideos

los fideos

tallarines

las espagueti

arroz

el arroz

ensalada

la ensalada

papas fritas

las patatas fritas

papas fritas

las patatas fritas

pizza

la pizza

hamburguesa

la hamburguesa

sándwich

el sándwich

churrasco

el filete

jamón

el jamón

salame

le salami

salchicha

la salchicha

pollo

el pollo

asado

el asado

pescado

el pescado

copos de avena

los copos de avena

muesli

el muesli

copos de maíz

los copos de maíz

harina

la harina

medialuna

el cruasán

pancito

el panecillo

pan

el pan

tostada

la tostada

galletitas

las galletas

manteca

la mantequilla

cuajada

la cuajada

torta

el pastel

huevo

el huevo

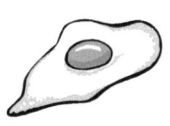

huevo frito

el huevo frito

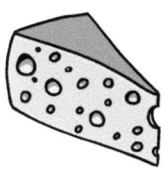

queso

el queso

helado

el helado

azúcar

el azúcar

miel

la miel

mermelada

la mermelada

pasta de chocolate

la crema de turrón

curry

el curry

granja
la granja

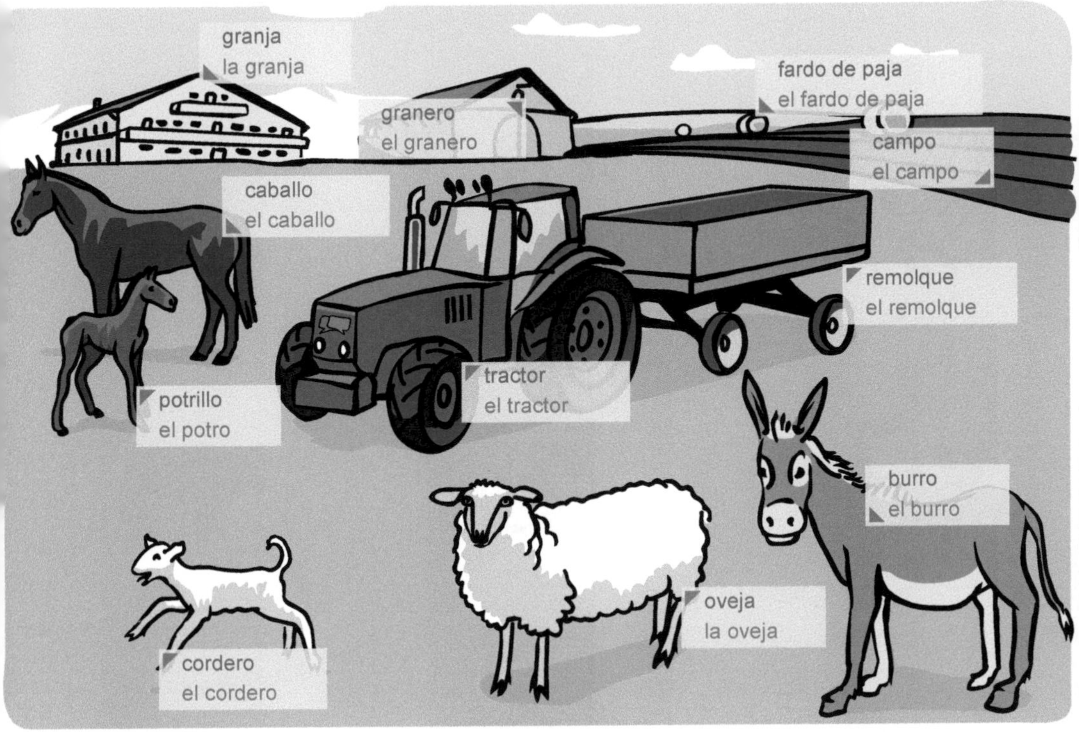
granja
la granja
granero
el granero
fardo de paja
el fardo de paja
campo
el campo
caballo
el caballo
tractor
el tractor
remolque
el remolque
potrillo
el potro
burro
el burro
oveja
la oveja
cordero
el cordero

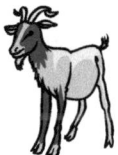

cabra

la cabra

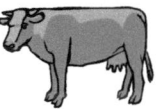

vaca

la vaca

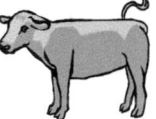

ternero

el ternero

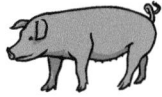

cerdo

el cerdo

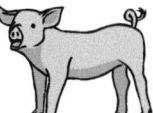

lechón

el cerdito

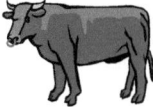

toro

el toro

ganso

el ganso

pato

el pato

pollo

el pollo

gallina

la gallina

gallo

el gallo

rata

la rata

gato

el gato

ratón

el ratón

buey

el buey

perro

el perro

cucha

la perrera

manguera

la manguera

regadera

la regadera

guadaña

la guadaña

arado

el arado

hoz

la hoz

azada

la azada

horquilla

la horca

hacha

el hacha

carretilla

la carretilla

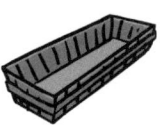

abrevadero

el abrevadero

lechera

la lechera

bolsa

el saco

reja

la valla

establo

el establo

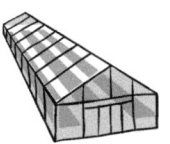

invernadero

el invernadero

suelo

el suelo

semilla

la semilla

fertilizador

el fertilizador

cosechadora

la cosechadora

cosechar
cosechar

cosecha
la cosecha

batatas
el ñame

trigo
el trigo

soja
el soja

papa
la patata

maíz
el maíz

semilla de colza
la semilla de colza

árbol frutal
el árbol frutal

mandioca
la mandioca

cereales
las cereales

casa
la casa

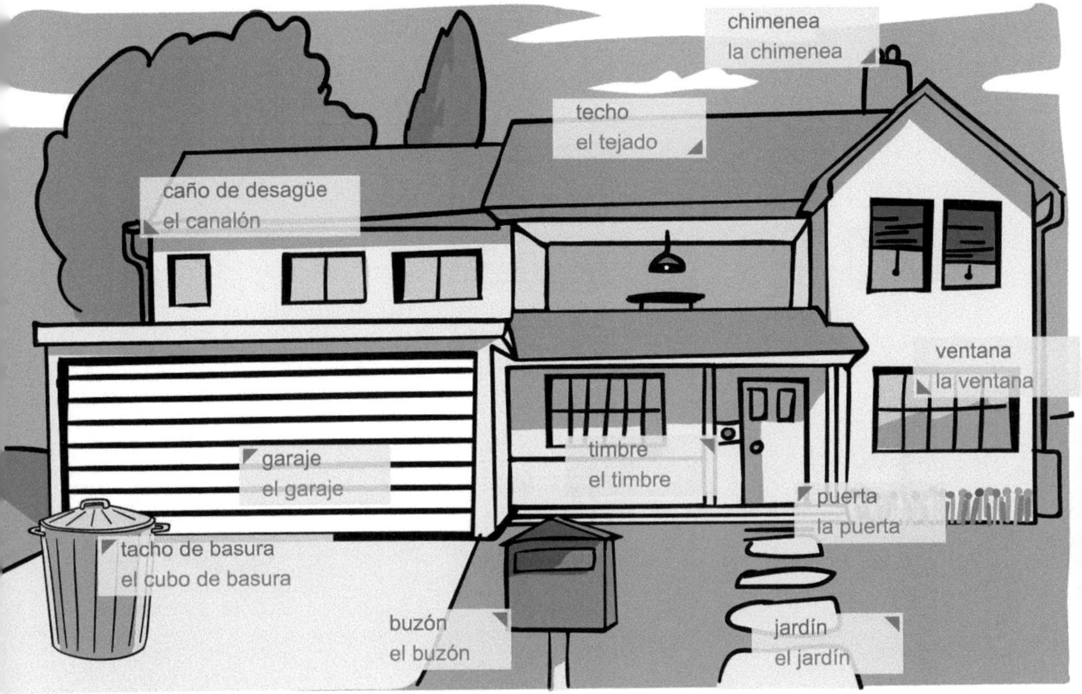
chimenea
la chimenea
techo
el tejado
caño de desagüe
el canalón
ventana
la ventana
garaje
el garaje
timbre
el timbre
puerta
la puerta
tacho de basura
el cubo de basura
buzón
el buzón
jardín
el jardín

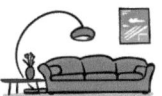

living

la sala

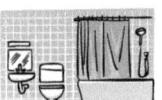

baño

el cuarto de baño

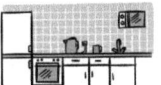

cocina

la cocina

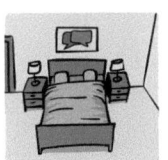

dormitorio

el dormitorio

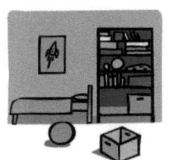

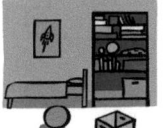

cuarto de los chicos

la habitación de los niños

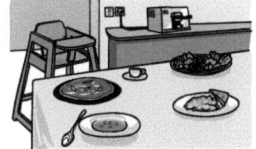

comedor

el comedor

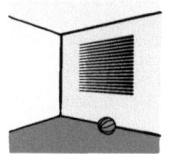

piso

el suelo

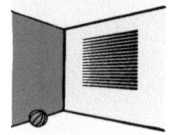

pared

la pared

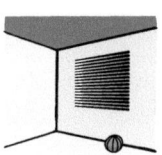

cielorraso

el techo

sótano

el sótano

sauna

la sauna

balcón

el balcón

terraza

la terraza

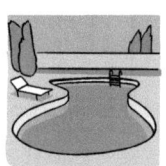

pileta

la piscina

cortadora de pasto

el cortacésped

sábana

la sábana

acolchado

la colcha

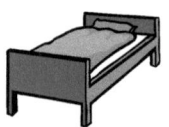

cama

la cama

escoba

la escoba

balde

el balde

interruptor

el interruptor

living
la sala

empapelado
el papel pintado
imagen
la imagen
lámpara
la lámpara
estante
el estante
armario
el armario
televisión
la televisión
chimenea
la chimenea
flor
la flor
almohadón
el cojín
sofá
el sofá
florero
el jarrón
control remoto
el mando a distancia

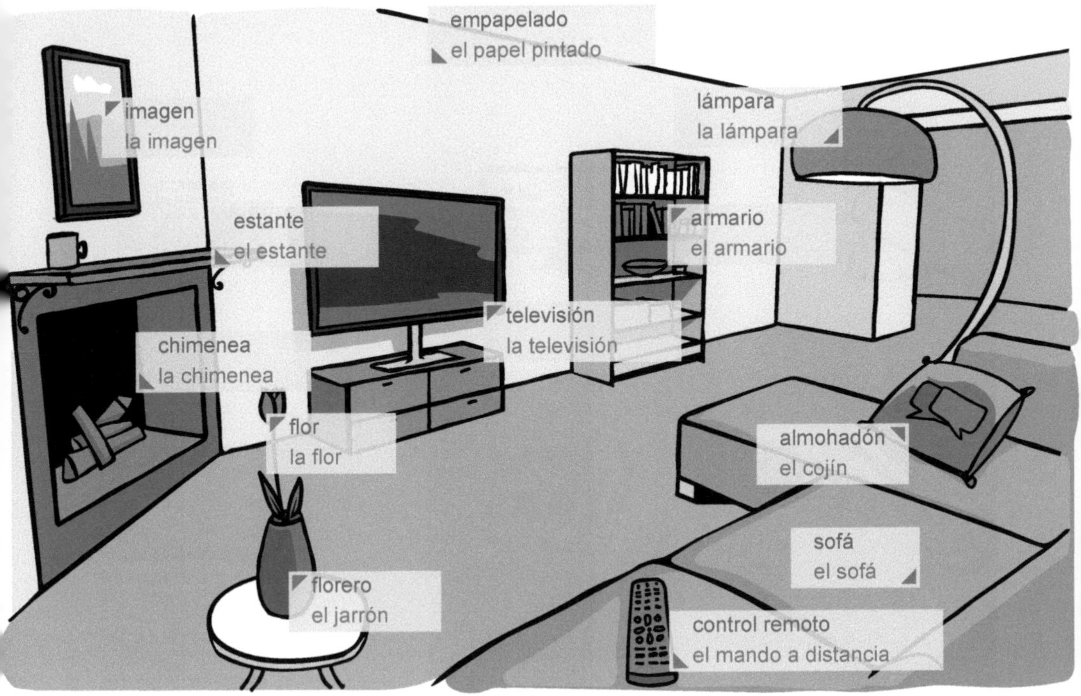

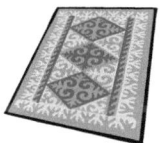

alfombra
la alfombra

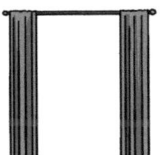

cortina
la cortina

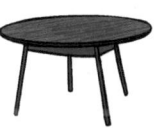

mesa
la mesa

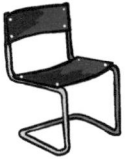

silla
la silla

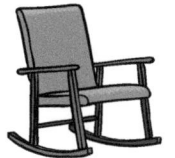

mecedora
el mecedora

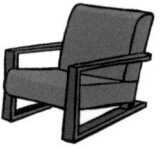

sillón
la butaca

libro

el libro

frazada

la manta

decoración

la decoración

leña

la leña

película

la película

equipo de música

el equipo de música

llave

la llave

diario

el periódico

pintura

la pintura

póster

el póster

radio

la radio

cuaderno

el cuaderno

aspiradora

la aspiradora

cactus

el cactus

vela

la vela

cocina

la cocina

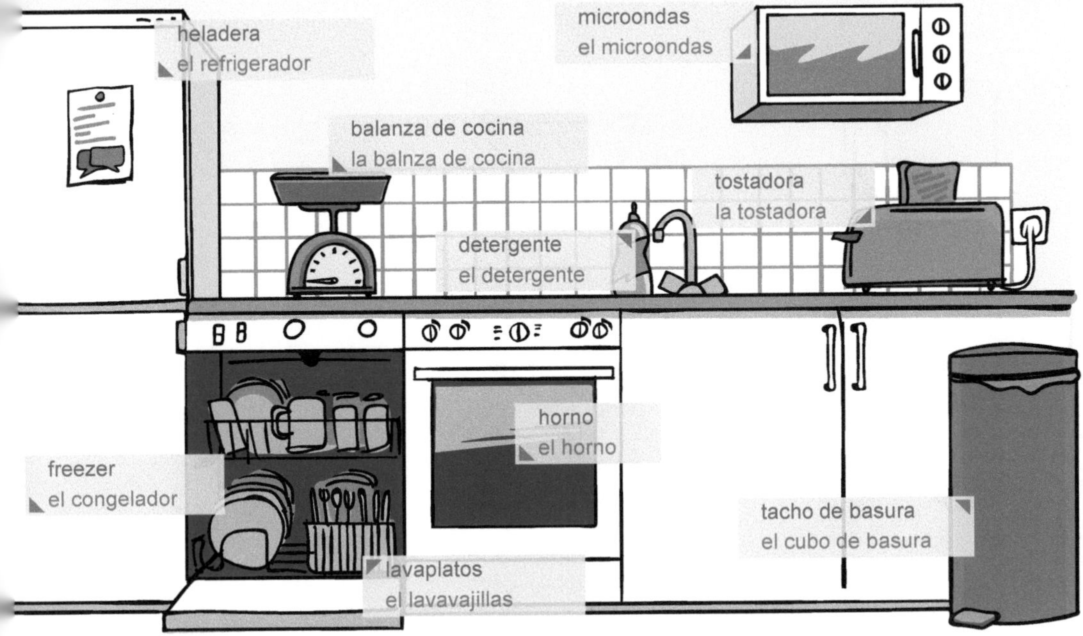
heladera
el refrigerador
microondas
el microondas
balanza de cocina
la balnza de cocina
tostadora
la tostadora
detergente
el detergente
horno
el horno
freezer
el congelador
tacho de basura
el cubo de basura
lavaplatos
el lavavajillas

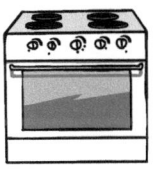

cocina

la olla a presión

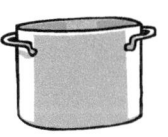

olla

la olla

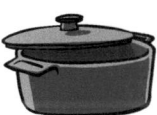

olla de hierro fundido

la olla de hierro fundido

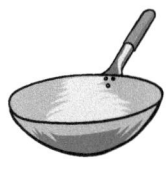

wok

el wok

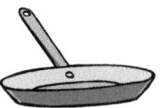

sartén

la cazuela

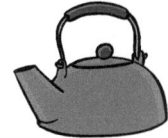

pava

el hervidor

vaporera

la vaporera

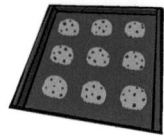

bandeja de horno

la chapa de horno

vajilla

la vajilla

taza

la taza

bol

el tazón

palitos

los palillos

cucharón

el cucharón

estpátula

la espumadera

batidora

el batidor

colador

el colador

colador

el cedazo

rallador

el rallador

mortero

el mortero

parrilla

la barbacoa

fogata

la hoguera

tabla de picar

la tabla de picar

palo de amasar

el rodillo

sacacorchos

el sacacorchos

lata

la lata

abrelatas

el abrelatas

manopla

el agarrador

pileta

el lavabo

cepillo

el cepillo

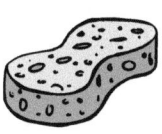

esponja

la esponja

batidora

la batidora

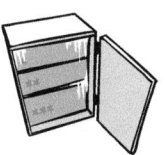

congelador

el congelador

mamadera

el biberón

canilla

el grifo

el cuarto de baño

calefacción
la calefacción

ducha
la ducha

toalla
la toalla

cortina de ducha
la cortina de la ducha

baño de espuma
el baño de espuma

bañadera
la bañera

vaso
el vaso

lavarropas
la lavadora

baldosas
las baldosas

canilla
el grifo

pelela
el orinal

pileta
el lavabo

inodoro
el inodoro

letrina
el inodoro rústico

bidé
el bidé

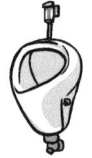

mingitorio
el urinario

papel higiénico
el papel higiénico

cepillo para el inodoro
la escobilla del váter

cepillo de dientes

el cepillo de dientes

dentífrico

la pasta de dientes

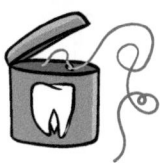

hilo dental

el hilo dental

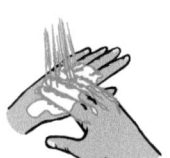

lavar

lavar

ducha de mano

la ducha de mano

ducha higiénica

la ducha íntima

palangana

la pila

cepillo para espalda

el cepillo de espalda

jabón

el jabón

gel de ducha

el gel de ducha

shampoo

el champú

toallita

la toallita

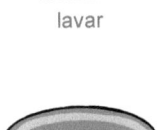

desagüe

el desagüe

crema

la crema

desodorante

el desodorante

espejo

el espejo

espejito

el espejo de tocador

maquinita de afeitar

la maquinilla de afeitar

espuma de afeitar

la espuma de afeitar

aftershave

la loción postafeitado

peine

el peine

cepillo

el cepillo

secador de pelo

el secador

spray

la laca

maquillaje

el maquillaje

lápiz de labios

el pintalabios

esmalte para uñas

el pintauñas

algodón

el algodón

tijera para uñas

el cortauñas

perfume

el perfume

baño - el cuarto de baño

portacosméticos

el estuche de viaje

banqueta

la banqueta

balanza

la balanza

bata

el albornoz

guantes de goma

los guantes de goma

tampón

el tampón

toallita femenina

la compresa

baño químico

el inodoro químico

cuarto de los chicos
la habitación de los niños

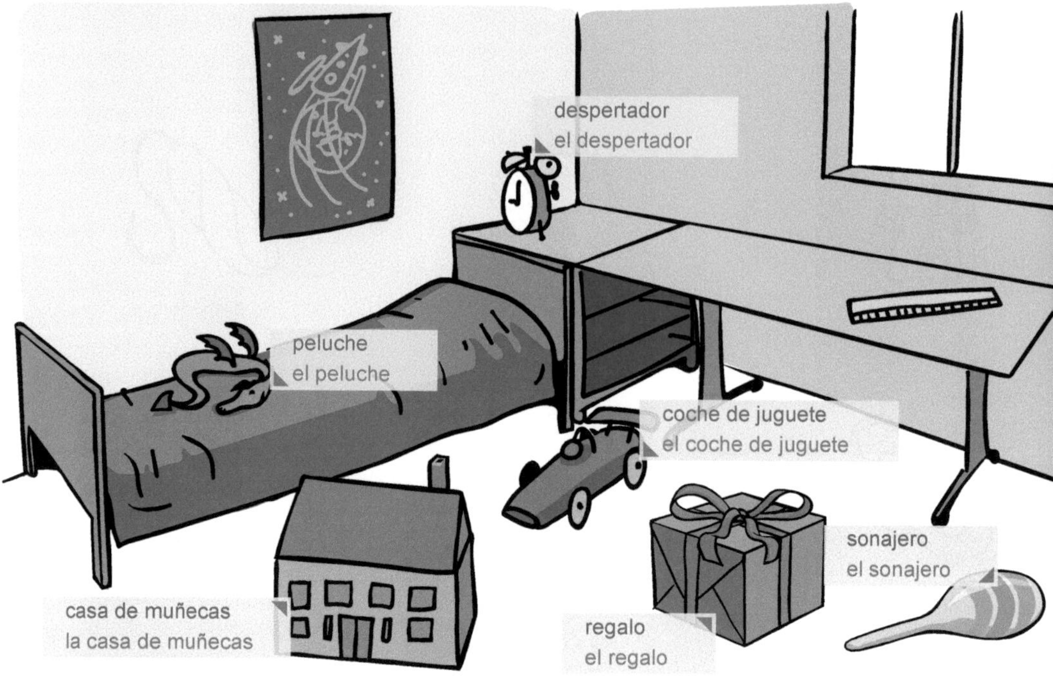
despertador
el despertador
peluche
el peluche
coche de juguete
el coche de juguete
sonajero
el sonajero
casa de muñecas
la casa de muñecas
regalo
el regalo

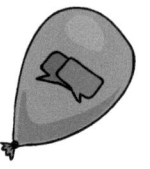

globo
el globo

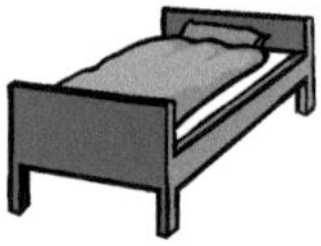

cama
la cama

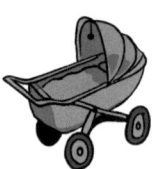

cochecito
el coche de niño

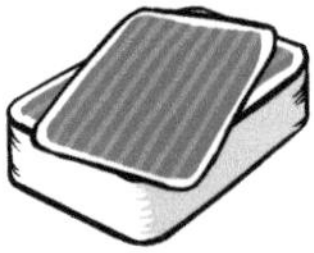

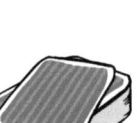

cartas
los naipes

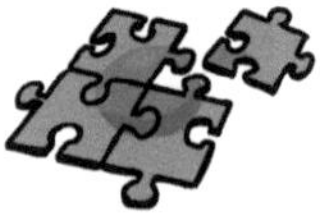

rompecabezas
el puzle

SUPER
MEGA

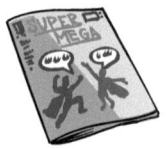

historieta
el tebeo

piezas de lego

las piezas de lego

ladrillos de juguete

los bloques de juguete

figura de acción

la figura de acción

enterito (de bebé)

el bodi (de bebé)

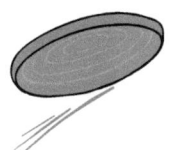

frisbee

el frisbee

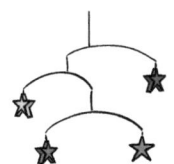

móvil para bebés

el colgador móvil para bebés

juego de mesa

el juego de mesa

dados

los dados

tren eléctrico

el circuito de tren eléctrico

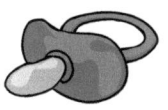

chupete

el maniquí

fiesta

la fiesta

libro de cuentos ilustrado

el álbum de fotos

pelota

la pelota

muñeca

la muñeca

jugar

jugar

arenero

el cajón de arena

hamaca

el columpio

juguetes

los juguetes

consola de videojuegos

la videoconsola

triciclo

el triciclo

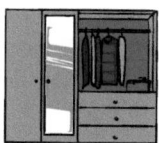

osito de peluche

el oso de peluche

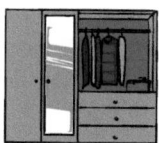

armario

la guardarropa

ropa

la ropa

medias

los calcetines

medias panty

las medias

calzas

los leotardos

bufanda
la bufanda

paraguas
el paraguas

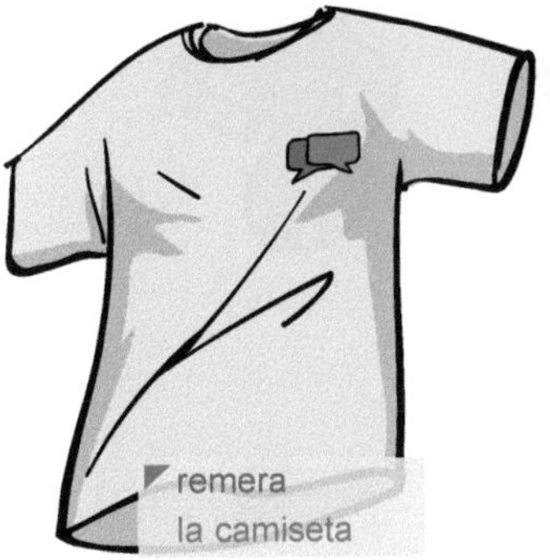

remera
la camiseta

cinturón
el cinturón

botas
las botas

pantuflas
las zapatillas

zapatillas
las deportivas

sandalias
las sandalias

zapatos
los zapatos

botas de goma
las botas de goma

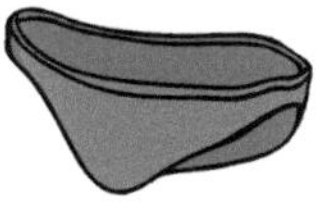

ropa interior
el slip

corpiño
el sostén

chaleco
el chaleco

body

el bodi

pantalones

los pantalones cortos

jeans

los vaqueros

pollera

la falda

blusa

la blusa

camisa

la camisa

pulóver

el jersey

buzo

el suéter

blazer

el blazer

campera

la chaqueta

tapado

el abrigo

piloto

la gabardina

traje

el traje

vestido

el vestido

vestido de novia

el vestido de novia

traje

el traje

camisón

el camisón

pijama

el pijama

sari

el sati

pañuelo para cabeza

el bandana

turbante

el turbante

burka

la burka

caftán

el caftán

abaya

la abaya

traje de baño

el traje de baño

short de baño

el bañador

shorts

los pantalones cortos

jogging

el chándal

delantal

el delantal

guantes

los guantes

botón

el botón

anteojos

las gafas

pulsera

el brazalete

collar

el collar

anillo

el anillo

aro

el pendiente

gorra

la gorra

percha

la percha

sombrero

el sombrero

corbata

la corbata

cierre

la cremallera

casco

el casco

tiradores

los tirantes

uniforme escolar

el uniforme

uniforme

el uniforme

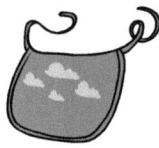

babero

el babero

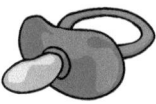

chupete

el maniquí

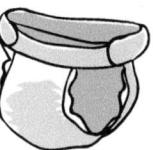

pañal

el pañal

oficina
la oficina

servidor
el servidor
archivero
el archivo
impresora
la impresora
papel
el papel
monitor
el monitor
mouse
el ratón
escritorio
el escritoria
carpeta
la carpeta
teclado
el teclado
tacho (de basura)
la papelera
computadora
el ordenador
silla
la silla

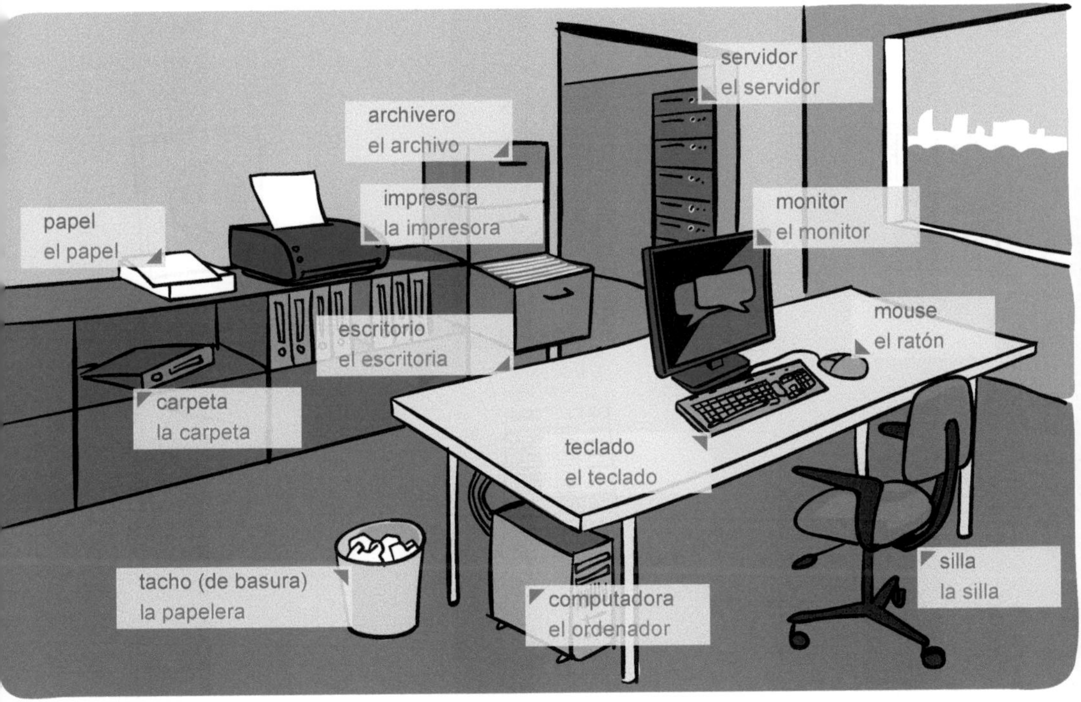

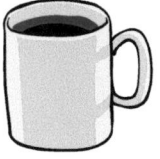

taza de café

la taza de café

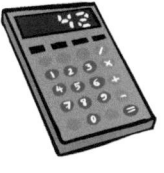

calculadora

la calculadora

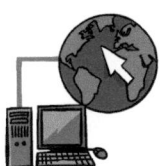

internet

el internet

laptop
el portátil

carta
la carta

mensaje
el mensaje

celular
el móvil

red
la red

fotocopiadora
la fotocopiadora

software
el software

teléfono
el teléfono

tomacorriente
la toma de corriente

fax
el fax

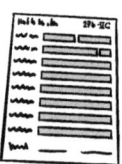

formulario
el formulario

documento
el documento

comprar

comprar

pagar

pagar

hacer negocios

comerciar

dinero

el dinero

dólar

el dólar

euro

el euro

yen

el yen

rublo

el rublo

franco suizo

el franco suizo

yuan

el renminbi yuan

rupia

la rupia

cajero automático

el cajero automático

casa de cambio

la oficina de cambio de
divisas

oro

el oro

plata

la plata

petróleo

el petróleo

energía

la energía

precio

el precio

contrato

el contrato

impuesto

el impuesto

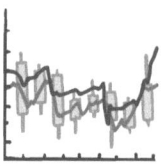

acción

la acción

trabajar

trabajar

empleado

el empleador

empleador

el empleador

fábrica

la fábrica

negocio

la tienda de campaña

ocupaciones
los oficios

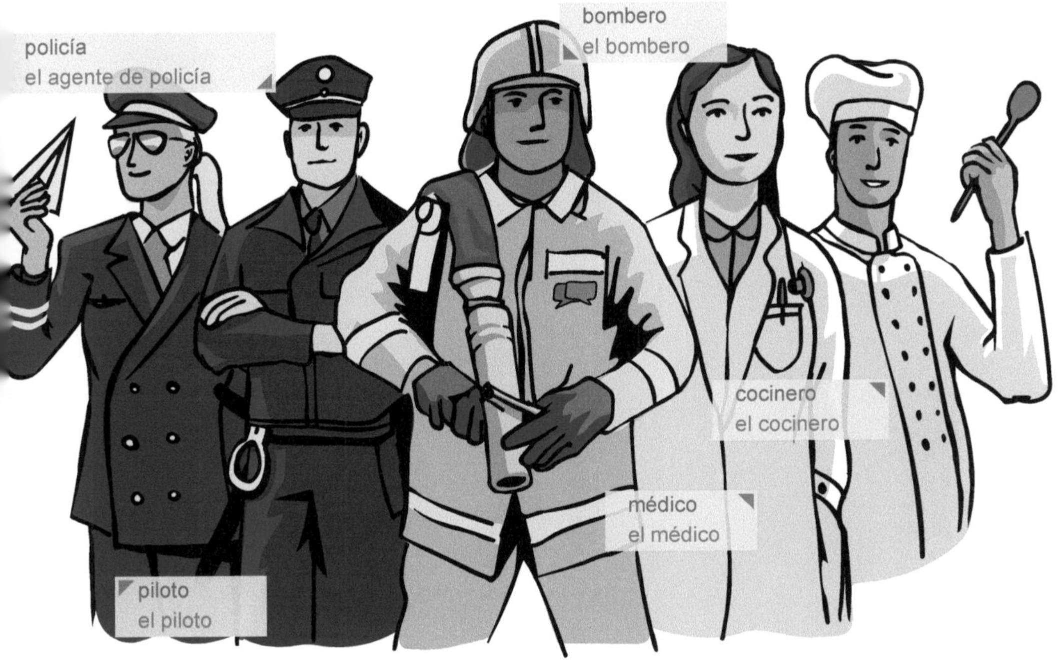
policía
el agente de policía
bombero
el bombero
cocinero
el cocinero
médico
el médico
piloto
el piloto

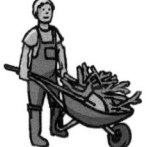

jardinero

el jardinero

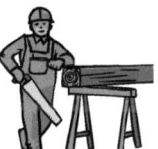

carpintero

el carpintero

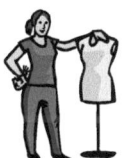

modista

la costurera

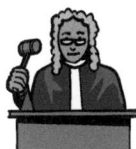

juez

el juez

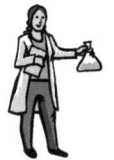

farmacéutico

el farmacéutico

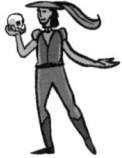

actor

el actor

colectivero
el conductor de autobús

mucama
la señora de la limpieza

techista
el techador

mozo
el camarero

cazador
el cazador

pintor
el pintor

panadero
el panadero

electricista
el electricista

albañil
el obrero

ingeniero
el ingeniero

carnicero
el carnicero

plomero
el fontanero

cartero
el cartero

taxista
el taxista

pescador
el pescador

soldado

el soldado

arquitecto

el arquitecto

cajero

el cajero

florista

el florista

peluquero

el peluquero

cobrador

el revisor

mecánico

el mecánico

capitán

el capitán

dentista

el dentista

científico

el científico

rabino

el rabino

imán

el imán

monje

el monje

sacerdote

el sacerdote

ocupaciones - los oficios

herramientas
las herramientas

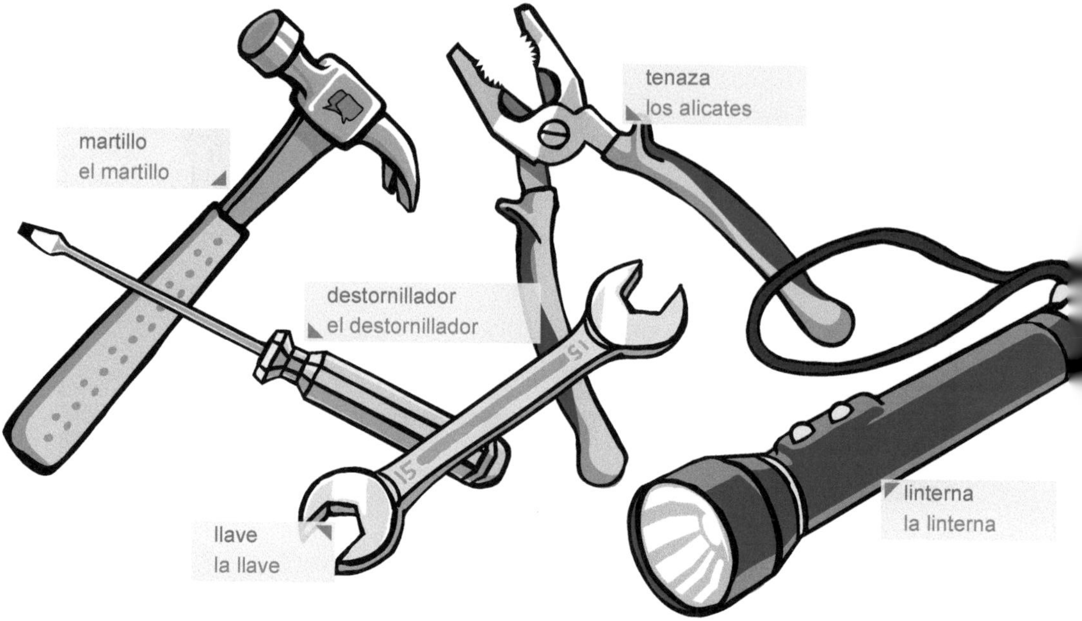
martillo
el martillo
tenaza
los alicates
destornillador
el destornillador
llave
la llave
linterna
la linterna

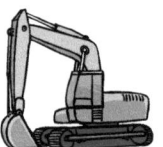

excavadora

la excavadora

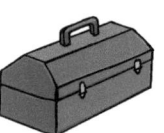

caja de herramientas

la caja de herramientas

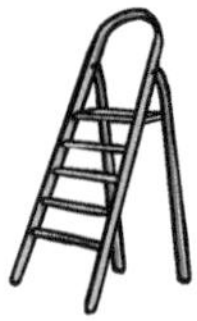

escalera portátil

la escalera de mano

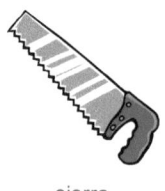

sierra

la sierra

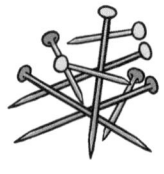

clavos

los clavos

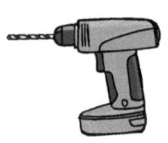

taladro

el taladro

arreglar

reparar

pala de jardín

la pala

¡Qué bronca!

¡Maldita sea!

pala de plástico

el recogedor

tacho de pintura

el bote de pintura

tornillos

los tornillos

instrumentos musicales

los instrumentos musicales

parlante
el altavoz

batería
la batería

guitarra
la guitarra

contrabajo
el contrabajo

trompeta
la trompeta

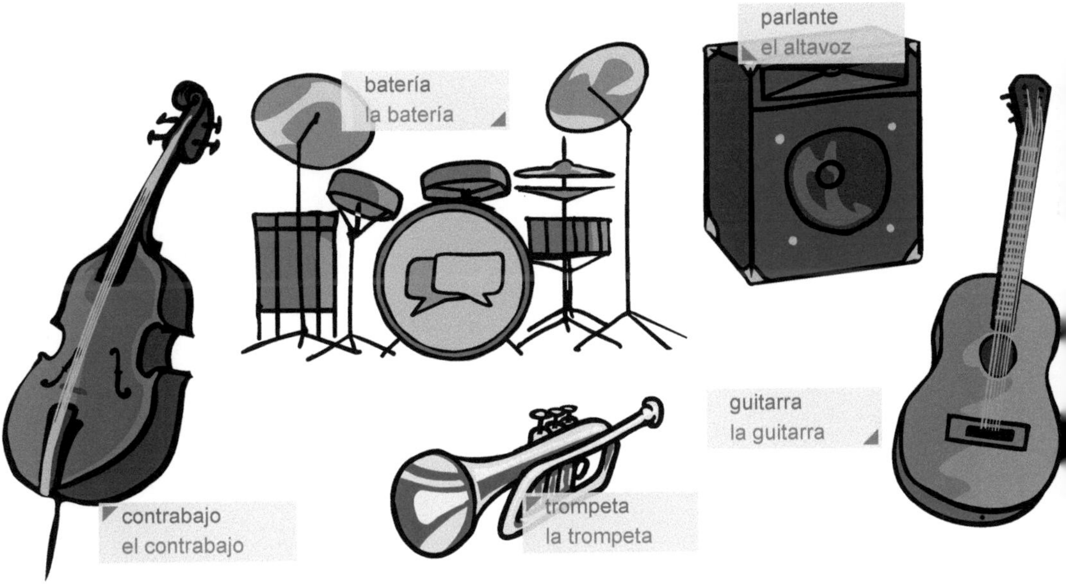

piano

el piano

violín

el violín

bajo

bajo

timbales

los timbales

tambor

el tambor

teclado

el teclado

saxofón

el saxofón

flauta

la flauta

micrófono

el micrófono

zoológico
el zoo

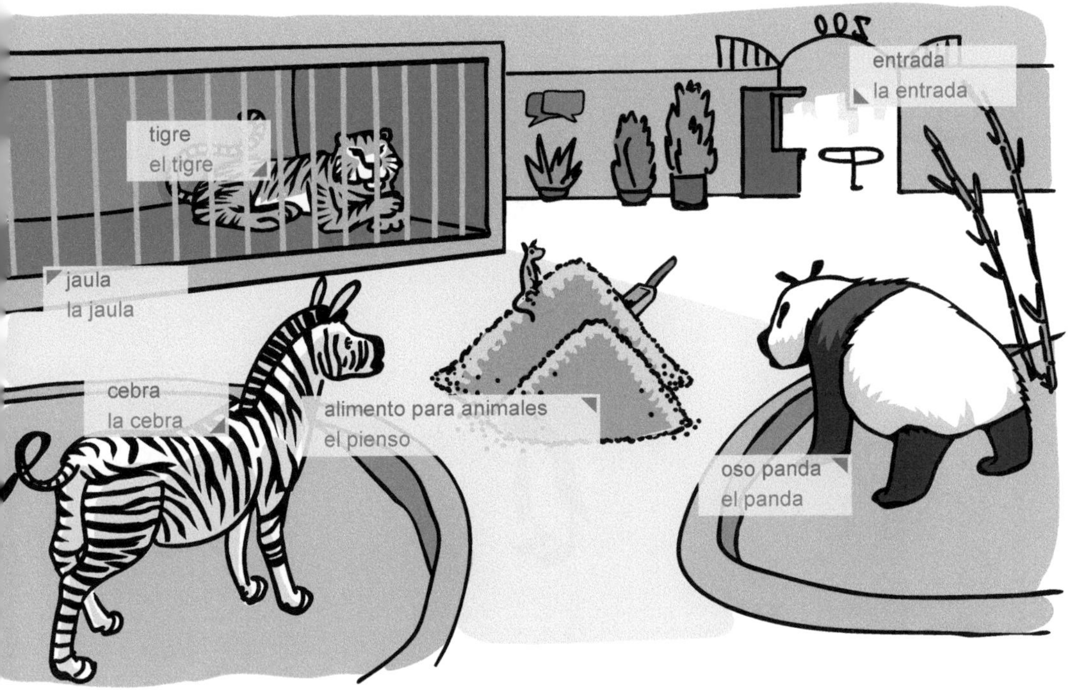

tigre
el tigre
entrada
la entrada
jaula
la jaula
cebra
la cebra
alimento para animales
el pienso
oso panda
el panda

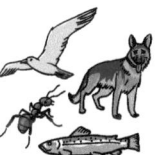

animales

los animales

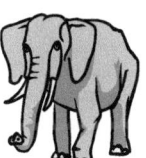

elefante

el elefante

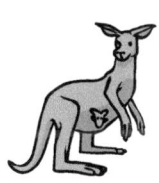

canguro

el canguro

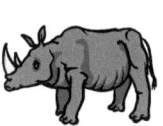

rinoceronte

el rinoceronte

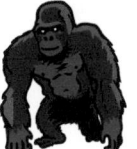

gorila

el gorila

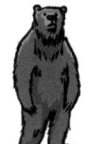

oso

el oso

camello

el camello

avestruz

el avestruz

león

el león

mono

el mono

flamenco

el flamingo

loro

el loro

oso polar

el oso polar

pingüino

el pingüino

tiburón

el tiburón

pavo real

el pavo real

serpiente

la serpiente

cocodrilo

el cocodrilo

cuidador del zoológico

el guardián de zoológico

foca

la foca

jaguar

el jaguar

zoológico - el zoo

poni

el poni

leopardo

el leopardo

hipopótamo

el hipopótamo

jirafa

la jirafa

águila

el águila

jabalí

el jabalí

pescado

el pescado

tortuga

la tortuga

morsa

la morsa

zorro

el zorro

gacela

la gacela

zoológico - el zoo

fútbol americano
el fútbol americano

ciclismo
el ciclismo

tenis
el tenis

básquet
el baloncesto

natación
la natación

boxeo
el boxeo

hockey sobre hielo
el hockey sobre hielo

fútbol
el fútbol

bádminton
el bádminton

atletismo
el atletismo

handball
el balonmano

esquí
el esquí

polo
el polo

reír
reír

saltar
saltar

abrazar
abrazar

caminar
caminar

cantar
cantar

soñar
soñar

rezar
rezar

besar
besar

escribir
escribir

dibujar
dibujar

mostrar
mostrar

presionar
empujar

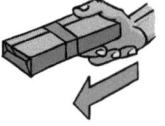

dar
dar

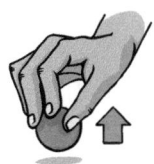

tomar
tomar

tener

tener

hacer

hacer

ser

ser

estar parado

estar de pie

correr

correr

tirar

tirar

tirar

tirar

caer

caer

estar acostado

yacer

esperar

esperar

llevar

llevar

estar sentado

estar sentado

vestirse

vestirse

dormir

dormir

despertar

despertar

mirar

mirar

llorar

llorar

acariciar

acariciar

peinar

peinar

hablar

hablar

entender

entender

preguntar

preguntar

escuchar

escuchar

beber

beber

comer

comer

ordenar

ordenar

amar

amar

cocinar

cocinar

manejar

conducir

volar

volar

actividades - las actividades

navegar
navegar

calcular
calcular

leer
leer

aprender
aprender

trabajar
trabajar

casarse
casarse

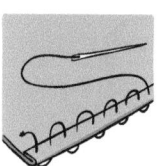

coser
coser

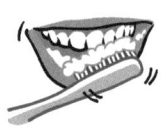

cepillarse los dientes
cepillarse los dientes

matar
matar

fumar
fumar

enviar
enviar

abuela
la abuela

abuelo
el abuelo

padre
el padre

madre
la madre

bebé
el bebé

hija
la hija

hijo
el hijo

invitado

el invitado

tía

la tía

tío

el tío

hermano

el hermano

hermana

la hermana

cuerpo

el cuerpo

frente
la frente
ojo
el ojo
hombro
el hombro
dedo
el dedo
cara
la cara
pera
la barbilla
mano
la mano
pecho
el pecho
pierna
la pierna
brazo
el brazo

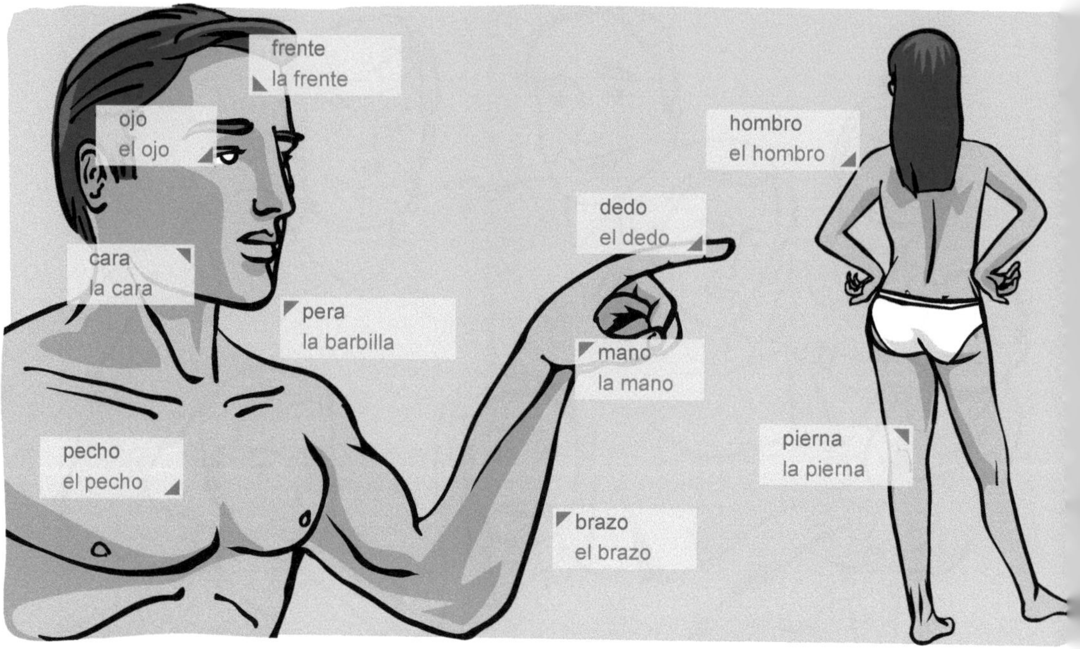

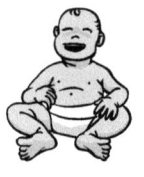

bebé

el bebé

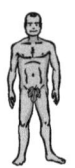

hombre

el hombre

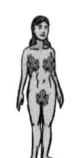

mujer

la mujer

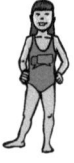

nena

la chica

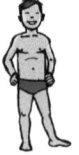

nene

el chico

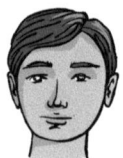

cabeza

la cabeza

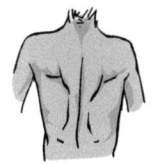

espalda
....
la espalda

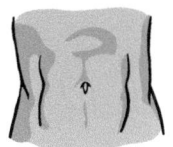

panza
....
el vientre

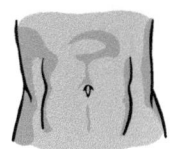

ombligo
....
el ombligo

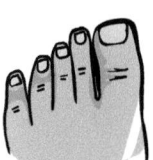

dedo del pie
....
el dedo del pie

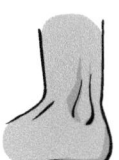

talón
....
el talón

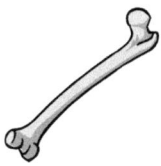

hueso
....
el hueso

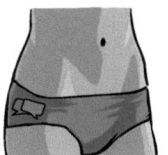

cadera
....
la cadera

rodilla
....
la rodilla

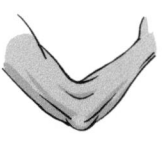

codo
....
el codo

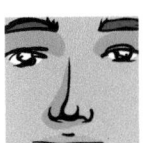

nariz
....
la nariz

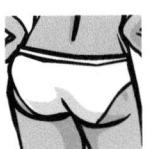

cola
....
el trasero

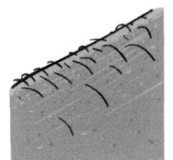

piel
....
la piel

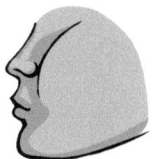

cachete
....
la mejilla

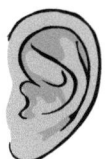

oreja
....
el oído

labio
....
el labio

cuerpo - el cuerpo

boca

la boca

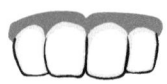

diente

el diente

lengua

la lengua

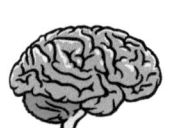

cerebro

el cerebro

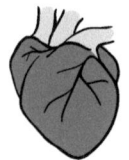

corazón

el corazón

músculo

el músculo

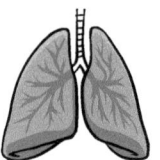

pulmón

el pulmón

hígado

el hígado

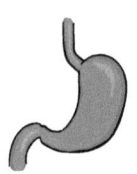

estómago

el estómago

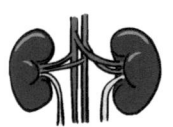

riñones

los riñones

sexo

el sexo

preservativo

el condón

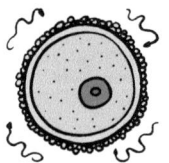

óvulo

el ovario

semen

el semen

embarazo

el embarazo

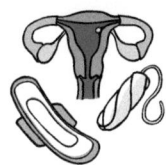

menstruación

la menstruación

vagina

la vagina

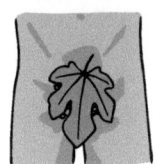

pene

el pene

ceja

la ceja

pelo

el pelo

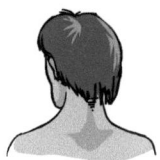

cuello

el cuello

hospital
el hospital

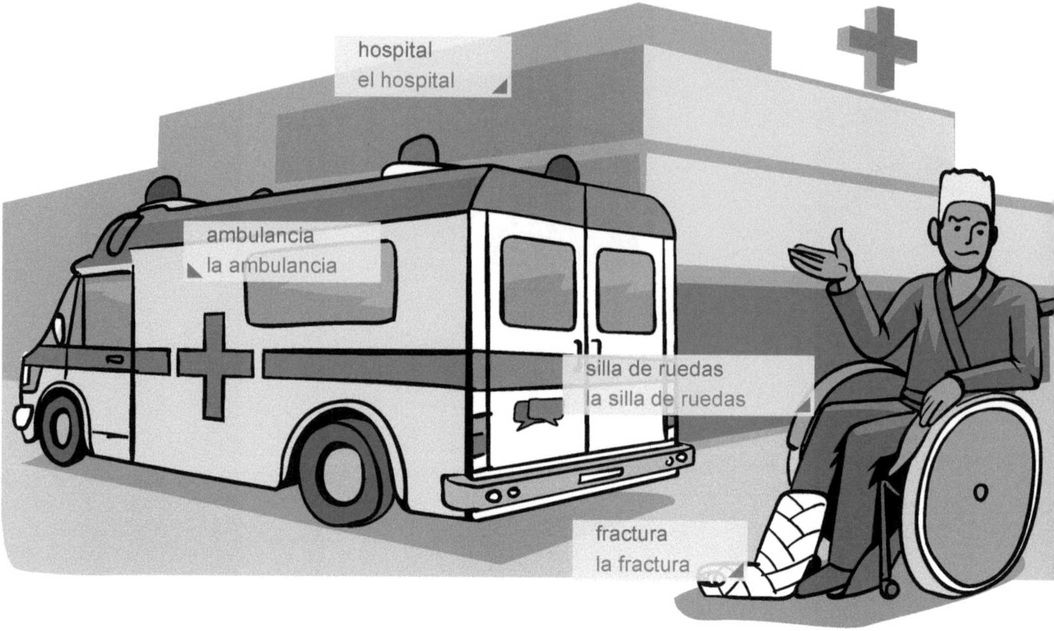

hospital
el hospital
ambulancia
la ambulancia
silla de ruedas
la silla de ruedas
fractura
la fractura

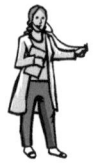

médico
el médico

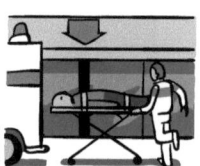

sala de guardia
la sala de urgencias

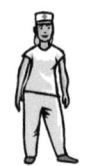

enfermera
la enfermera

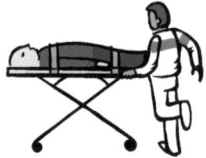

emergencia
la urgencia

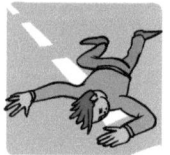

inconsciente
inconsciente

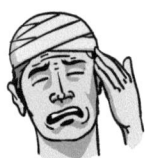

dolor
el dolor

lesión
la lesión

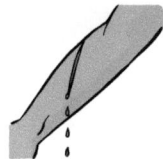

hemorragia
la hemorragia

infarto
el infarto

ACV
el ictus

alergia
la alergia

tos
la tos

fiebre
la fiebre

gripe
la gripe

diarrea
la diarrea

dolor de cabeza
el dolor de cabeza

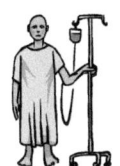

cáncer
el cáncer

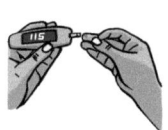

diabetes
la diabetes

cirujano
el cirujano

bisturí
el bisturí

operación
la operación

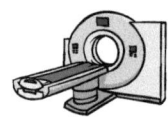

TC

TAC

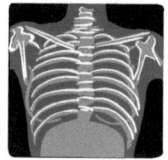

rayos x

los rayos x

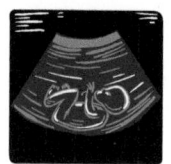

ecografía

el ultrasonido

barbijo

la mascarilla

enfermedad

la enfermedad

sala de espera

la sala de espera

muleta

la muleta

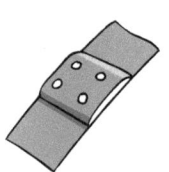

curita

la tirita

venda

la venda

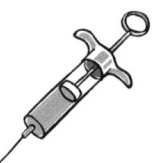

inyección

la inyección

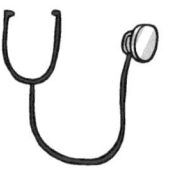

estetoscopio

el estetoscopio

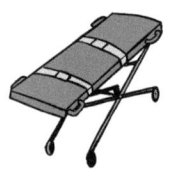

camilla

la camilla

termómetro

el termómetro

nacimiento

el nacimiento

sobrepeso

el sobrepeso

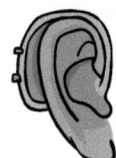

audífono

el audífono

desinfectante

el desinfectante

infección

la infección

virus

el virus

VIH / SIDA

VIH / SIDA

remedio

la medicina

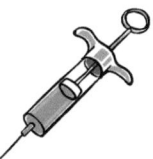

vacunación

la vacunación

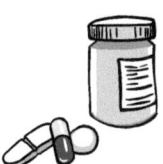

comprimidos

las tabletas

pastilla anticonceptiva

la pastilla

llamada de emergencia

la llamada de urgencia

tensiómetro

el tensiómetro

enfermo / sano

enfermo / sano

¡Ayuda!

¡Socorro!

alarma

la alarma

agresión

el asalto

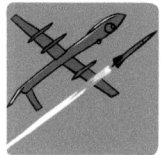

ataque

el ataque

peligro

el peligro

salida de emergencia

la salida de emergencia

¡Fuego!

¡Fuego!

matafuego

el extintor de incendios

accidente

el accidente

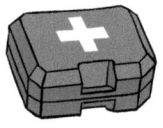

botiquín de primeros
auxilios

el botiquín de primeros
auxilios

SOS

SOS

policía

la policía

Europa

Europa

América del Norte

Norteamérica

América del Sur

Sudamérica

África

África

Asia

Asia

Australia

Australia

Atlántico

el atlántico

Pacífico

el Pacífico

Océano Índico

el Océano Índico

Océano Antártico

el Océano Antártico

Océano Ártico

el Océano Ártico

polo norte

el polo norte

polo sur

el polo sur

Antártida

La Antártida

Tierra

la tierra

tierra

la tierra

mar

el mar

isla

la isla

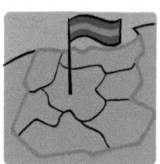

nación

la nación

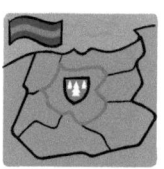

estado

el estado

esfera

la esfera

manecilla de las horas

la manecilla de las horas

minutero

el minutero

segundero

el segundero

¿Qué hora es?

¿Qué hora es?

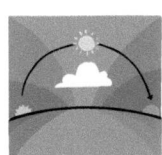

día

el día

hora

el tiempo

ahora

ahora

reloj digital

el reloj digital

minuto

el minuto

hora

la hora

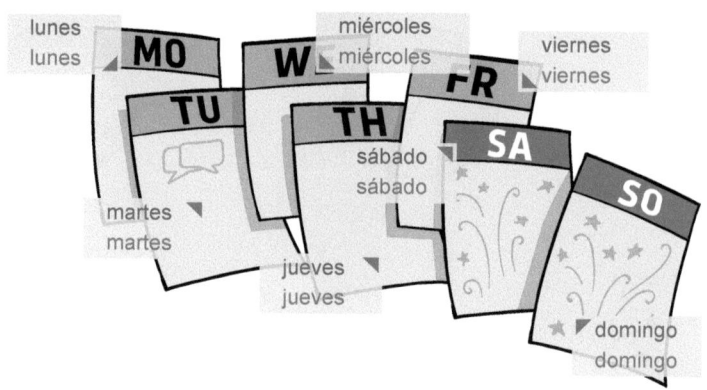

lunes
lunes

miércoles
miércoles

viernes
viernes

martes
martes

sábado
sábado

jueves
jueves

domingo
domingo

ayer
ayer

hoy
hoy

mañana
mañana

mañana
la mañana

mediodía
el mediodía

tarde
la tarde

días hábiles
los días laborables

fin de semana
el fin de semana

el año

arco iris
el arcoíris
lluvia
la lluvia
nieve
la nieve
viento
el viento
otoño
el otoño
primavera
la primavera
verano
el verano
invierno
el invierno

4.APRIL 11°
5.APRIL 4°
6.APRIL 13°
7.APRIL 8°
8.APRIL 10°

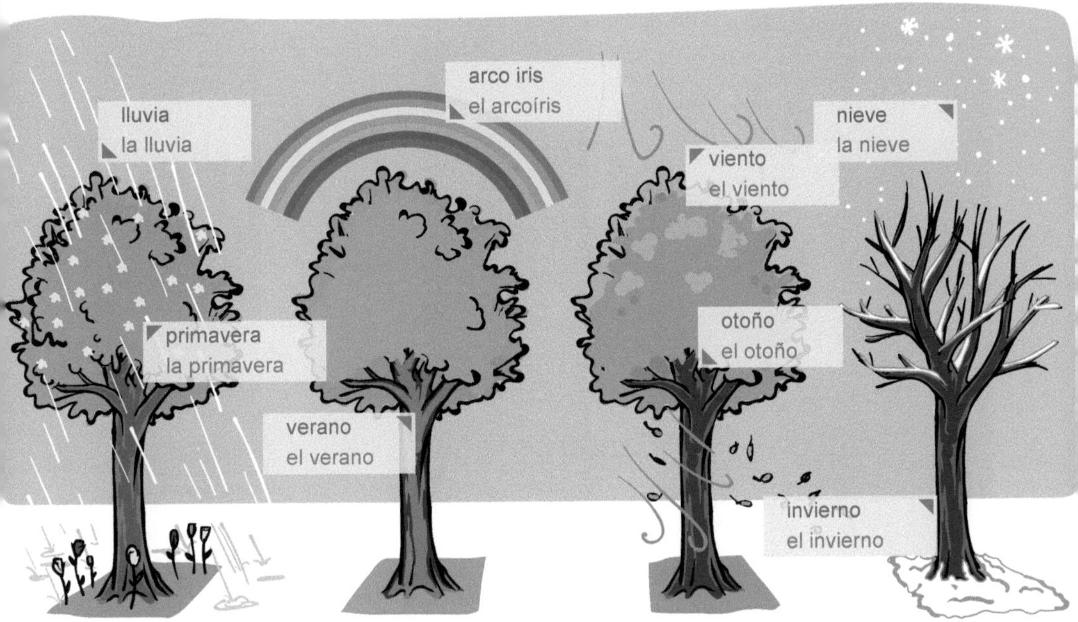

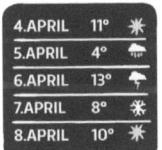

pronóstico meteorológico

el pronóstico del tiempo

F
C
120
90
60
30
0
-30
40
30
20
10
0
-10
-20

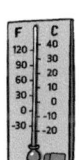

termómetro

el termómetro

luz del sol

el sol

nube

la nube

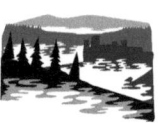

niebla

la niebla

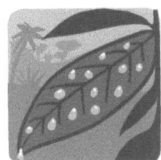

humedad

la humedad

rayo

el rayo

trueno

el trueno

tormenta

la tormenta

granizo

el granizo

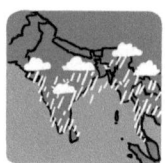

monzón

el monzón

inundación

la inundación

hielo

el hielo

enero

enero

febrero

febrero

marzo

marzo

abril

abril

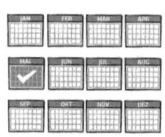

mayo

mayo

junio

junio

julio

julio

agosto

agosto

año - el año

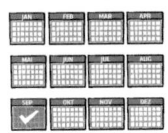

septiembre
....
septiembre

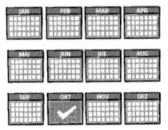

octubre
....
octubre

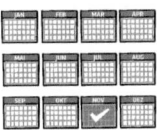

noviembre
....
noviembre

diciembre
....
diciembre

formas
las formas

círculo
....
el círculo

cuadrado
....
el cuadrado

rectángulo
....
el rectángulo

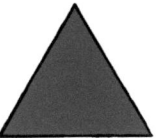

triángulo
....
el triángulo

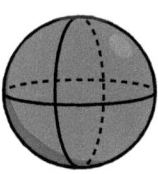

esfera
....
la esfera

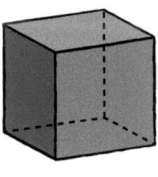

cubo
....
el cubo

blanco
blanco

amarillo
amarillo

naranja
anaranjado

rosa
rosa

rojo
rojo

violeta
morado

azul
azul

verde
verde

marrón
marrón

gris
gris

negro
negro

mucho / poco
mucho / poco

enojado / tranquilo
enojado / tranquilo

lindo / feo
bonito / feo

principio / fin
principio / fin

grande / chico
grande / pequeño

claro / oscuro
claro / oscuro

hermano / hermana
el hermano / la hermana

limpio / sucio
limpio / sucio

completo / incompleto
completo / incompleto

día / noche
el día / la noche

muerto / vivo
muerto / vivo

ancho / angosto
ancho / estrecho

comestible / no comestible

comestible / no comestible

malo / amable

malo / amable

entusiasmado / aburrido

entusiasmado / aburrido

gordo / flaco

gordo / delgado

primero / último

primero / último

amigo / enemigo

el amigo / el enemigo

lleno / vacío

lleno / vacío

duro / blando

duro / blando

pesado / liviano

pesado / ligero

hambre / sed

el hambre / la sed

enfermo / sano

enfermo / sano

ilegal / legal

ilegal / legal

inteligente / estúpido

inteligente / tonto

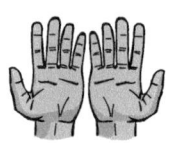

izquierda / derecha

izquierda / derecha

cerca / lejos

cerca / lejos

nuevo / usado

nuevo / usado

nada / algo

nada / algo

viejo / joven

viejo / joven

encendido / apagado

encendido / apagado

abierto / cerrado

abierto / cerrado

silencioso / ruidoso

silencioso / ruidoso

rico / pobre

rico / pobre

correcto / incorrecto

correcto / incorrecto

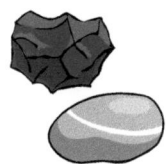

áspero / suave

áspero / suave

triste / contento

triste / contento

corto / largo

corto / largo

lento / rápido

lento / rápido

mojado / seco

húmedo / seco

caliente / frío

cálido / frío

guerra / paz

guerra / paz

0

cero

cero

1

uno

uno

2

dos

dos

3

tres

tres

4

cuatro

cuatro

5

cinco

cinco

6

seis

seis

7

siete

siete

8

ocho

ocho

9

nueve

nueve

10

diez

diez

11

once

once

12

doce

doce

13

trece

trece

14

catorce

catorce

15

quince

quince

16

dieciséis

dieciséis

17

diecisiete

diecisiete

18

dieciocho

dieciocho

19

diecinueve

diecinueve

20

veinte

veinte

100

cien

cien

1.000

mil

mil

1.000.000

millón

el millón

inglés

el inglés

inglés americano

el inglés americano

chino mandarín

el chino madarín

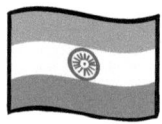

hindi

el hindi

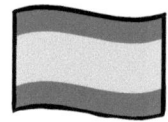

español

el español

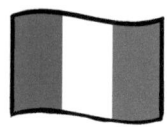

francés

el francés

árabe

el árabe

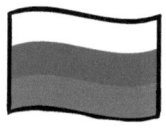

ruso

el ruso

portugués

el portugués

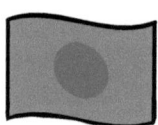

bengalí

el bengalí

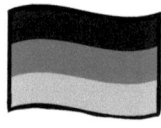

alemán

el alemán

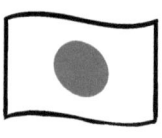

japonés

el japonés

yo

yo

vos

tú

él / ella

él / ella / ello

nosotros

nosotros/as

ustedes

vosotros/as

ellos

ellos/as

¿quién?

¿quién?

¿qué?

¿qué?

¿cómo?

¿cómo?

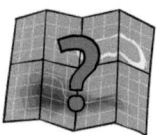

¿dónde?

¿dónde?

¿cuándo?

¿cuándo?

nombre

el nombre

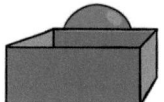

detrás

detrás

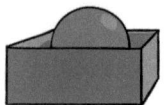

en

en

adelante de

delante de

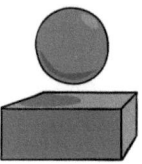

por encima de

por encima de

sobre

sobre

debajo de

debajo de

al lado de

junto a

entre

entre

lugar

el lugar